U0133733

经济适用房装修实例

卢志强　郭又新

福建科学技术出版社

前　言

　　近年来,随着住宅建设的加速发展,居住条件的不断改善,人们对居住环境的要求越来越高,居室装修成为人们生活消费的新热点。

　　室内设计是将空间、人、物在美学和实用的层面上完美统一起来的一门学科,是在实用的领域中按审美规律创造与人类生存有着直接关系的环境来满足人类生理、心理需要的艺术。由于我国家庭装修起步晚,发展快,不少住户缺乏装修知识,因此,目前存在着一种片面的认识,一提起装修就联想到高档的装饰材料。我们并不否定使用高档装饰材料能产生很好的视觉效果,然而如果只是高档装饰材料的堆砌就不等于高品味的设计。有的住户陷入"陈规"的误区,为了追求豪华气派,把公共建筑中的一些设计生搬硬套地用到自己不十分宽敞的家居空间里,显得很不协调。家要有家的感觉,应显出实用、便利的特色,和温馨宁静的气氛,体现个性化和人性化。

　　本书所列举的居室装修实例,均为经济适用房的二期装修实例,有一定的代表性,大致反映了目前家居装修的基本概貌。这些实例围绕不同的室内面积、户型,结合住户的个性需要,采用各种设计思想、装修材料和家具配置,多层次多角度地分析和演绎了从平面到立面,从设计到实施,从装修材料的选择和色彩的配置,到将这些因素"有意味"地整合完成等设计层面上的变化过程。这些实例有的是编者近年来的居室设计作品,有的是友人提供的范例,使读者对家居装修有一个整体的了解,并从中得到一些启发。

　　本书在编写过程中,得到了李晓伟、高宇辉、吕山川、杨阳峰、扬明、陈鸣星、叶丽冰等友人的支持和帮助,在此谨向他们表示衷心的感谢!

目　　录

整体装修实例

局部功能房装修实例

点线面的构成

平　面　布　局:两室一厅
室内装修面积:75 平方米
主　要　材　料:条形面砖、水曲柳板饰面、墙纸、地毯

　　在装饰设计的图面范畴内,点、线、面是三个最主要的基本要素。著名建筑师莱特认为,一个供人类活动的空间不应像一个密封的盒子，而是由一块块通透的屏障组合出一个个联系的空间,通过界面与界面之间的互相带动,形成一连串流动而连接的活动空间。本方案正是基于这一理念来设计的。从大门的入口开始,玄关与餐厅、厨房之间以线型构架和矮隔断的形式连接,构成一种动态空间。休闲室与客厅之间以和式推拉门分隔,既增加了客厅的自然采光,也可在必要时将休闲室与客厅连通成为一个完整的空间。本方案以和式家居样式作为居室的总体设计基调,吸取和式建筑的结构语言,以点、线、面的构成形式完成空间的装饰。在装饰材料的运用上,以简朴的自然材质表现出 典雅纯净。

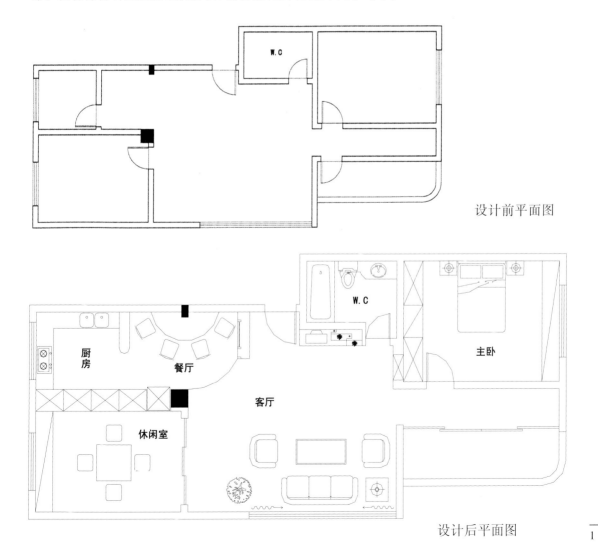

设计前平面图

设计后平面图

玄关与餐厅、厨房之间以线形构架和矮隔断的形式连接，构成一种互为流动的整体空间。

以线型构成的形式将餐桌、梁、柱、玄关有机地连接成整体，并使原有较小的餐厅空间得到视觉上的扩展。

简朴的条形面砖与水曲柳板饰面形成含蓄的粗细材质对比,点、线、面的构成也形成丰富的层次变化。

条形面砖错落有致的拼成从入口到客厅的过渡。

藤质沙发与和式的风格相协调。

茶室与客厅之间以和式推拉门分隔,不仅增加了客厅的自然采光,而且在必要时可以将茶室与客厅连通成为一个完整的休闲空间。

跪坐式的和式空间清新自然。

在入墙式衣橱中五斗橱和展示层穿插，这种设计避免了大面积橱柜对室内空间造成压迫感。

通过磨砂玻璃隔断将卫生间中的干、湿区分开,洗面台结构简洁,富于现代感。

拥抱温馨

平　面　布　局：两室一厅
室内装修面积：85 平方米
主　要　材　料：榉木板、乳胶漆、樱桃木地板、瓷砖

　　室内设计是空间、人、物在实用与美学层面上的协调与统一。合理的平面布局是形成完美空间的重要因素。

　　本方案的原建筑平面是二室二厅一厨一卫的平面布局（见设计前平面图），让人感到空间零散、封闭且生硬。起居室的自然光照较弱，看起来并不宽敞。这时，首先考虑的问题便是怎样规划和争取空间，让居室的空间合理、实用、宽敞明亮起来。先在空间的分布上采用先扬后抑，先开放后含蓄的手法。把餐厅附近的零散空间化零为整，与起居室的空间连为一体，展现豁达、明朗的心境。也使光线直达起居室。起居室与餐厅的区域没有刻意的区分，而是通过把餐厅地面稍稍抬高，改变家具陈设布置，以及灯光变化加以区分，充分显示空间深度，以获得开阔感。主卧室朝客厅的墙向后退，让给卧室一个门位，使起居室空间更加宽敞，也使卧室的门不直面起居室。

　　在卫生间与卧室之间的空位上设一装饰壁柜。经过这样的调整后，使人进入室内时产生一种舒畅开朗的心境。而某些局部的设计，又使空间富于变化，功能界面清晰，隔而不断，相互交叉利用，显得含蓄而有内容。

　　整体居室的色调以米色和木本色为主，亲切随和，家具色彩与环境协调。

　　灯光方面，强调照度与气氛相结合。根据不同心理需要进行调节。不同功能区域的灯光照射加强了区域的限定感，力图构筑出一个具有柔和、清丽和温馨氛围的雅室。

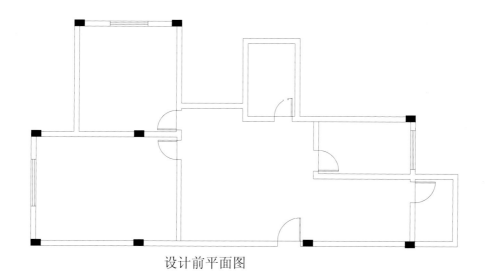

设计前平面图

拥抱温馨

餐厅顶部有意形成变化,留出无形的通往餐厅的过道。

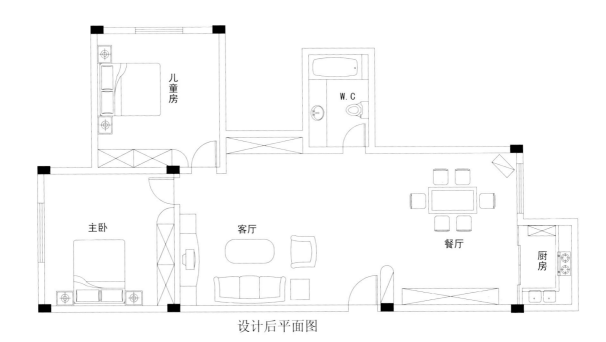

儿童房

W.C

主卧

客厅

餐厅

厨房

设计后平面图

客厅的色调以木地板、家具、线条的木本色为主,结合乳白色的墙,形成温馨怡人的室内气氛。

客厅的装饰柜、卫生间的门,精致而讲究。

拥抱温馨

主卧室的床靠背墙体采用软包贴面，
显得舒适、轻松。

孩子房的设计注重实用性，避免不必
要的装饰，运用窗帘、床上用品布艺之间
的协调搭配来达到装饰效果。

拥抱温馨

卫生间的设计简洁明快，梳妆镜和洗面台的边角做法细致、讲究。

墙面局部的彩色小块方砖饰面，流露出轻松自然的气氛。

舒适的家

平　面　布　局:三室一厅

室内装修面积:95平方米

主　要　材　料:榉木板、乳胶漆、樱桃木地板、瓷砖

　　本方案拥有较独立的空间单元,根据用户的需要,将室内空间规划为客厅、餐厅、厨房、书房、主卧室、孩子房、双卫生间等空间单位。在布局上进行了一些调整。对照设计前后的平面图,不难发现其中的改动。厨房与餐厅、书房与主卧房、孩子房与主卧房之间的隔断改为入墙家具隔断,这样既隔断了空间,又在最大程度上利用了空间。主卧房与原平面图相比变得宽敞。除满足睡眠功能外,还包含起居功能。主卧房的卫生间向外加大,腾出淋浴的空间。与入口相对的客厅位置设一玄关,既典雅,又丰富空间的层次。客厅中没有刻意分隔起居与就餐这两个区域,只通过不同的家具陈设和灯光变化加以区分,充分显示了空间深度,并获得开阔感。总体色调的协调统一也是本方案的一个特色,木质贴面与乳白色的墙面形成温和稳重的色调,所有居室的家具都是用木贴面精心制作,营造出室内舒适温馨的气氛,立面设计整体大方,并以简单的动线配合灯光等效果,成功地构筑了一个柔和清丽的雅室,耐人寻味。

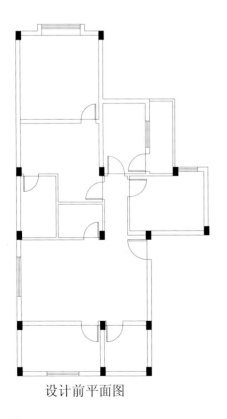

设计前平面图

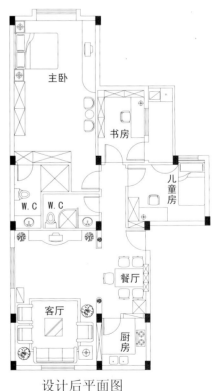

设计后平面图

玄关造型简洁大方,轻盈的玻璃隔层加以美耐灯槽显得灵巧而富有新意。

嵌入式酒柜线条别致优雅,与餐桌及方形吊顶构成统一的整体视觉效果。

圆形天花板与窗户纳入的日光融合在一起,在室内盘转回旋,充满自然的生机,令全屋洋溢活泼生动的气息。

舒适的家

黑、白的对比搭配使空间更显洁净。

门的造型简单明了，保持通道立面的完整性，顶部作小方块造型，使狭长的过道空间产生节奏感。

床背部分内藏反射灯槽线,使主卧室光线显得亲切柔和;床头柜的三角形几何装饰槽线,是房中一项细致的装饰。

儿童房内安装鲜艳的橙色碎花罗马布帘,与印着卡通图案的床罩互相辉映,显得可爱而富有童趣。

书房虽小却齐备了一切文化器材，俨然一个小型办公室。

线条优雅的按摩蒸汽浴室将浴室的干、湿区分开,满足了讲究沐浴享受人士的需要。

生活空间新体验

平面布局:三室一厅
室内装修面积:96平方米
主要材料:乳胶漆,木地板,瓷砖

　　这套寓所的住户是一位室内设计师,在设计过程中其设计意图得到充分的发挥,颇具个性。

　　此住所的楼层较高,原平面布局虽有不尽人意之处,然而其周围环绕着郁郁葱葱的绿树,还有远山,景色怡人。设计师变不利为有利,改变有些堵闷压抑的布局,发挥地势高的优势,把周围的美景纳入方室之中。

　　设计师借用中国传统建筑的"漏窗"、"借景"理念,巧妙应用于并不十分宽敞的室内界面上。设计前的客厅略显狭小,为改变这种状况,设计师略去休闲室与客厅之间的墙体,垫高休闲室的地面,使两者在空间上既连为一体,又有所区分和变化;把客厅与工作室之间的墙向工作室方向让进一个柱位,并在墙面上开一弧形"漏窗";将原正朝客厅工作室的门改朝餐厅,并采用能节省空间面积的拉门。这样不仅使客厅变得宽敞、完整,也使工作室比较独立。又将阳台用玻璃窗与外界分隔。删去阳台与休闲室之间的墙体,以窗帘来区分功能。另外,也删去餐厅与厨房之间的隔墙。厨房正面不设工作台,保留正面原阳台下的"通透",采用玻璃封闭。经过这样一番变动和调整,使界面与界面之间相互融合交替,不仅使室内变得通透、空灵、流动,也使周围的自然景观与动态空间融为一体。

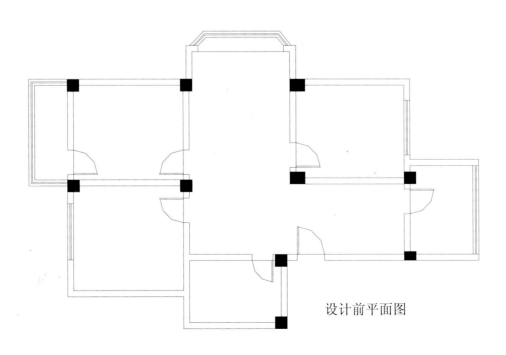

设计前平面图

入口表现"抑"而不抑,在入口迎面的砖墙下,设一"玄关",通过里面的镜子,把视线伸向"无限"。

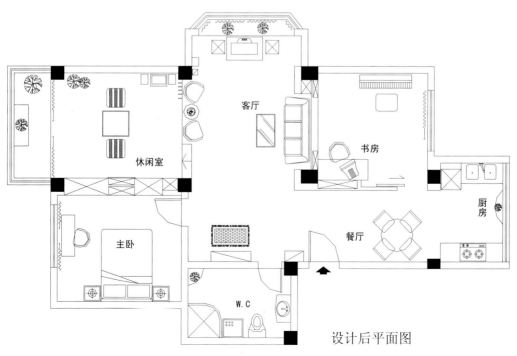

设计后平面图

客厅

书房

休闲室

厨房

主卧

餐厅

W.C

客厅的设计简洁、自然,风格独特。

在客厅与书房之间的墙体上凿一拱形"漏窗",使传统建筑语言的"借景"得到巧妙的应用。

　　细部的处理和饰物、摆件、收藏品的配合,与整体装修风格相协调。耐人寻味的一道风景,给人以渐入佳境的感受。

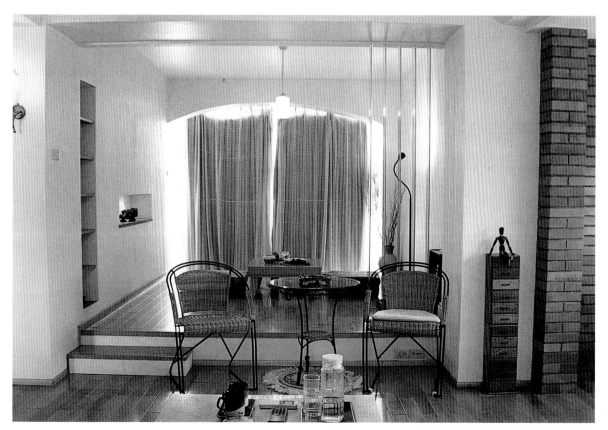

　　客厅与休闲室之间的界面隔而不断。条状玻璃装饰、抬高的地面,区分了客厅与休闲室的不同功能,在视觉上又连为一体。

利用入墙家具之间的空隙设置装饰壁龛,饶有风趣。

卧房的设计强调安静、平和的特性,便于睡眠。

书房属于居室的静区,空间相对独立。工作台与书柜的设计应便于使用。

餐厅通过过道连接客厅,没有刻意的界面分隔,使空间通透宽敞。

卫生间以暖色调的黄灰色为主。瓷砖的排列讲究变化;盥洗台小巧玲珑,不占空间。

厨房正面设计成玻璃栅栏立面,与外界分隔开来。

追寻隽永品味

平　面　布　局:三室一厅
室内装修面积:103 平方米
主　要　材　料:仿古地砖、樱桃木地板、红榉木饰面、花梨 木饰面

　家居装饰是一门室内配套的艺术。艺术品收藏和陈列是品评和衡量居住环境质量的重要依据。本方案的设计在满足各方面功能要求的同时,在家具陈设及布局安排上颇费心思。客厅的平面呈较为理想的方形,但在采光方面不尽人意,因此如何尽可能地改善客厅的采光,成为设计的重点。可将客房、画室与客厅之间的隔墙处理成透光门窗,并将主卧和客厅的门和墙也作同样处理,使客厅的"暗角"减到最小的程度。在设计各个采光门窗时,巧妙地运用各式古董木格窗花,从而显得别具一格;壁炉的材料 、门把均是旧建筑的构件,这些特定的装饰艺术品具有一定的设计内涵,成为客厅空间中良好的视觉焦点。本方案通过艺术品的收藏和陈列体现更具人性化和文化意境的居室空间,满足现代人多层次、高品味的艺术追求。

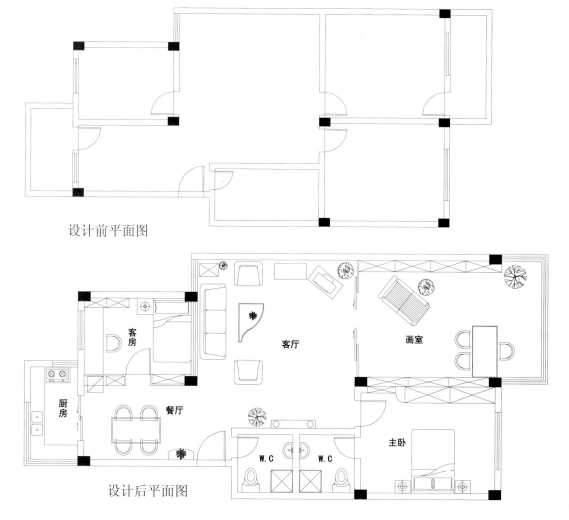

设计前平面图

设计后平面图

古朴的陶罐、窗花和仿古地砖相配套，使简洁的就餐空间颇具品味。

旧城改造遗留下的古建筑窗花，在这里获得新生。

欧式廊柱、铁炉架、木匣子折射出历史的片段；主立面上的抽象油画与周围环境相协调。在这里过去和现在恰到好处地融汇在一起。

客厅家具摆设轻松自然，透过木格窗花似乎还能看到昔日的小巷人家。

木格窗花不仅给客厅增加采光，更成为空间中别有韵味的风景线。

老建筑遗留下的建筑构件，得到巧妙的利用；抽象油画在这里成为一种独特的视觉符号，共同营造了这所居室的文化氛围。

书房立柜橱门的大小分割线别具匠心，开敞式层架和封闭式立柜相结合，增强了立面层次的虚实变化。

外形轻巧的盥洗台和合理的
色彩配置，令整个浴室空间更显宽
敞舒适。

　　厨房的墙壁与地面的设计以深色浅色瓷砖相间排列，在视觉上把立面与平面连接起来，形成跨越平、立面的立体视觉效果。

简约之美

平 面 布 局:三室一厅

室内装修面积:112 平方米

主 要 材 料:西南桦地板、红榉木饰面

正像著名艺术家布朗库西所说:"简化才能把有意味的东西抽取出来"。本居室设计在空间六面体装饰和家具造型上力求简洁。以简洁为背景,充分考虑艺术品陈设和家具、灯具以及布艺的装饰配套,整体装饰环境清新怡人。素净的色调最适宜用于简洁的布局内,客厅宽敞明亮,陈设简洁大方但不乏细致的描绘。住户作为一名画家需要一间宽大的画室,因此将部分阳台同画室合并,以加大画室的面积。画室与客厅之间采用透光拉门的形式分隔,在增强空间流动性的同时,隐蔽主卧室的入口,宽大的画室入口也方便了大型画作的搬运。卫生间的装饰也是衡量居住质量和生活水准的重要依据。本方案将原有两间狭小的卫生间合并作为主卧室的卫生间,另在厨房附近辟一块空间为公共卫生间,这样在使用上就比较方便。追求功能化也是本方案的一个特色,使室内空间的各个部分都能充分发挥它的作用,即使是某些"暗角"、"死角"也得到最大的利用。在色彩方面,以米白色及木质本色为主,焕发出柔和和淳厚的风格,并给人一份清淡朴实、舒心怡神的感受。设计师将其简约主义体现于每个角落,把清素的色彩与简洁的设计概念融汇得恰到好处。

陈列架作为入口部分的视觉中心,并与餐厅配套使用。用简单的造型,营造出含蓄的效果。

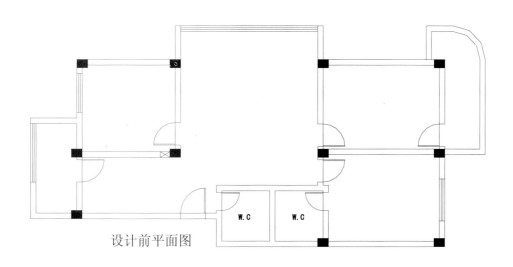

设计前平面图

以简洁的设计为背景，追求灯具
及家具的整体配套效果。

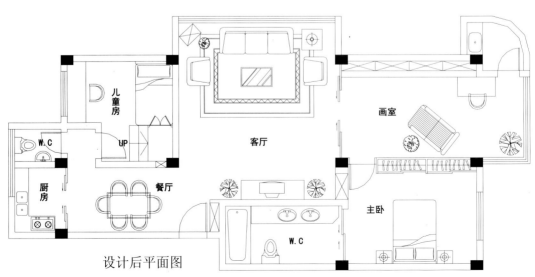

设计后平面图

电视柜造型别出心裁,配以情趣盎然的油画和小照,成为客厅内颇具浪漫情调的一角。

清素的色彩与简洁的设计概念融汇得恰到好处。

木格窗花不仅给客厅增加采光,而且成为空间中别有韵味的风景线。

　　白色的敞开式书架和周围的墙面及吊顶构成整体，并与古朴的明式坐椅在视觉效果上形成有趣的互动,借以增强家居环境的整体艺术氛围。

　　在同类色调的基础上搭配活跃的对比色,同时注意明度和色彩的层次变化。

　　轻巧的推拉门保持了入墙衣橱的立面完整，抽屉的设计充分考虑了方便个人衣物及用品的分类存放。

楼梯作为上下铺的连接形式，不仅富于童趣，而且是很好的储物空间。

浴室地面用深色云石拼花铺设,富有跳跃感。另外,坐厕前的地柜有一块拉板,可以在需要时拉出来摆放报纸、杂志等。

橱柜的橙色防火板饰面,让空间另有一番亮丽和轻松。

都市雅舍

平　面　布　局：三室一厅
室内装修面积：125 平方米
主　要　材　料：墙布，亚光乳白色聚酯，乳胶漆，枫木地板，暗红花岗石
　　　　　　　　石材

　　　这是一套在形式上倾向欧式风格的装修住宅，细部考究、精致，又不致繁缛。除追求美观因素外，主人在住居的功能性与实用性的统一上也颇费了一番心思。

　　　对照装修前后的平面布局，不难发现其中的变动与调整。为了改变客厅因无窗致使光线不足的状况，略去客厅与餐厅之间的墙，把厨房与书房的门、孩子房通向阳台的门扩大，成为面积较大的玻璃造型拉门，以加强室内的采光。取消主卧房去阳台的门，加宽主卧房窗的面积，增加采光。同时兼顾了主卧房的隐密性。把客厅与主卧之间、主卧室与孩子房之间、书房与餐厅之间的砖混墙体，改用不同功能的入墙家具为隔墙。在正对入口处设一玄关。经过一番合理的平面改造，使本方案的各个界面之间能有机地联系、互动，隔而不断。在心理空间上，采用了先抑后扬的手法。一进门，映入眼帘的是一围合式小巧的玄关设计，既不张扬，又十分雅致，使得入口的空间不显局促。而进入室内空间后，给人一种豁然开朗的感受。总体色调的一致也是本方案的一大特色。以乳白色为主调，入墙家具、门均为乳白聚酯面漆；墙面用有浅色图案的墙纸来装饰。室内的多组灯光设置，富于变化，与上述因素共同营造了这套住宅的典雅、温馨、舒适的氛围。

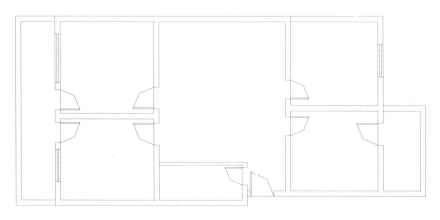

设计前平面图

西式柱子与石材的巧妙结合，以及灯光恰如其分地运用，使得入口玄关给人以一种曲径通幽的感觉。

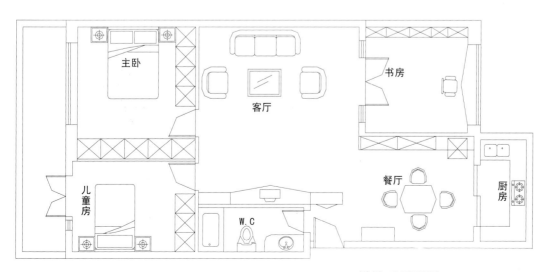

设计后平面图

客厅的设计别具匠心,典雅、含蓄,给人以亲切感。

欧式的电视柜,其弧形的造型和藏光设计增强了立体感。

主卧室与孩子房是以入墙家具分隔的。

主卧室窗套的造型别致高雅,内藏窗帘。

主卧室的床以软包材料为靠背,显得舒适。入墙橱柜的贴花面饰与整体的装饰风格相协调。

孩子房通往阳台的门为透光玻璃拉门。

餐厅的地面铺设暗红石材,以区分客厅的区域。墙面的镜面处理,加强了空间深度,以获得开阔感。

书房白色的书柜和精心收藏的工艺品,透露出高雅庄重的气息。

书房的设计强调惬意闲适和沉入书香的愉悦感受。

卫生间的设计简洁明快,做工精致。

厨房的上下橱柜满足了储存的功能。
色彩以黑白两色为主,显得干净利索。

生活场景

平　面　布　局：四室一厅
室内装修面积：137 平方米
主　要　材　料：花岗石地面、防火板饰面、泰柚板饰面

　　一踏进这套寓所，满室活泼的色彩使人仿佛踏进了生活的场景。设计师没有刻意把这个家置办成舞台，然而活泼的块面和色彩的组合，在视觉效果上引人注目。入口玄关由虚实的块面和红、白色彩构成，作为室内、外空间的过渡，并且将客厅和餐厅的界面加以分割。地面借助宽大简约的线条图案，减轻了因大面积地面而产生的单调感。鲜艳的沙发色彩，使整体色调趋于完整统一，也使空间气氛变得明朗。顶部造型由两块错位的拱顶构成，线角设计异常简练，使居室空间显得宽敞。这个居室设计以同一构成要素在不同角度演绎着不同的角色，这些元素融合起来构成一个个互动灵活的动态空间，令平凡的家居生活充满生机。

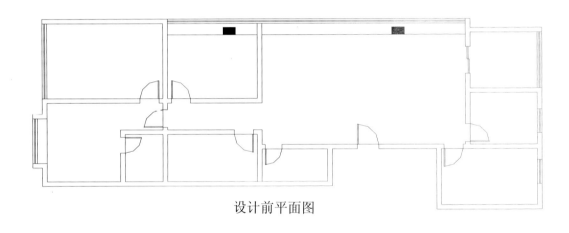

设计前平面图

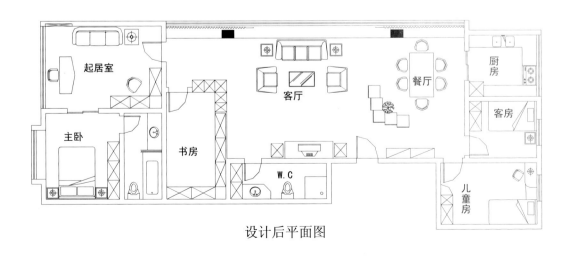

设计后平面图

入口玄关的块面组合和色彩构成,错落有致,富有情趣。

玄关作为室内、外空间的过渡,将客厅与餐厅的空间加以分割。

与玄关造型的结合,使构成要素有机地统一起米。

活泼的沙发色彩无疑是整体空间的一种必要的点缀。

墙角装饰柜造型作为通往主卧室的过渡和空间的延伸,其错落的立面变化与玄关的虚实块面相呼应。

简洁的床背造型配以清爽的白色床罩,显得清新怡人。

集看书、休闲等功能为一体的起居室以灵活轻盈的空间构成。家具的陈设也体现出轻松自然的心境。

生活 场景

顶部和地面的块面变化上下
呼应,虽然只是一种简单的变化,
但却取得整体居室装饰互相融合
的效果。

运用玻璃
隔断将卫生间
干、湿区加以
划分,墙面的高
低错落变化,有
效地对管道加
以掩饰,并丰富
了墙面造型。

客 厅

　　客厅是家庭团聚、休闲和接待客人的空间。近几年,"单元型"家居设计追求在有限的空间内创造出实用便捷、高效的居室环境。客厅是作为家居空间中很重要的一个构成部分。客厅的规模以及相关的功能配套可以根据原建筑的平面布局和该家庭的生活方式作相应的调整;同时要注意到主人的个性,使之成为人性化、个性化的特定空间。

　　一、在平面布局的设计上可以从以下几个方面考虑。在满足家居多方位的使用功能前提下,尽可能地扩大客厅面积。较小的家居平面可以将客厅与餐厅或书房连为整体,运用矮家具或通透式的隔断加以划分,以扩展人的视觉空间。休息区位置和视听设备的摆放构成客厅的主体,在布局上应考虑摆设位置的相对独立以及与视听设备间的距离和角度,做到人流干扰机会少和保证最佳的视听效果。

　　二、在空间装饰上应力求简洁、明快。墙面部分以乳胶漆或墙纸装饰为主,在主立面的地方作着重处理。吊顶的装饰应尽可能地简洁,造型上避免繁琐和沉闷。地面装饰材料一般采用木地板材、石材或地砖来装饰,可以根据不同的采光情况、投资金额和主人的品味来加以选择,不同的地面材质会产生不同的美感。

　　三、客厅的色彩搭配在追求协调统一的同时,还追求色彩的互补和变化,避免千篇一律、似曾相识的感觉。在设计上要考虑色彩的位置、面积、立面装饰的主次等调和要素,适用不同色彩间穿插和重复变化,形成巧妙的衬托和调和,借以增强和平衡家居环境的整体艺术气氛。

　　四、装饰后期的艺术品陈列以及布艺、家具、绿化植物的配套是品评和衡量客厅装饰环境的重要依据。家居装饰是一门室内外配套的艺术,仅停留在空间立面上的装饰是不够的。艺术品的配套不仅是装饰上的补充,而且也应该把它作为家居装饰的主体。

　　以地面不同材料的变化来区分客厅与餐厅的界面分隔。联系餐厅与客厅的墙面用木饰面拼贴而成,使之与地面的木地板呼应,浑然一体。

地面采用木地板与大理石拼花结合而成；墙面为墙纸与不同品种的木贴面对比使用；吊顶的设计简洁，但在靠窗的附近，出现流线形的设计，活跃了整体空间。

色调和谐统一，吊顶富于变化，配以稳重的门套及家具的设计，使客厅气氛显得温馨怡人。

为了展示主人收藏的装饰品，设计师特地在客厅一角的墙上设计木制搁板，以便摆设装饰品，令空间显得情趣盎然。

客厅的用色强调柔和舒适。选择米白的墙面、沙发和浅蓝灰色方格的布套等浅色的色彩来装饰房间。客厅另一侧墙面设一石壁炉，虽然只是造型，但能令空间平添韵味。

客厅

这间客厅的面积较小，设计上应尽量简洁，墙面上除了挂画，没有其他装饰。色彩应以亮色为主，从地面的木本色、墙面的乳白色，到吊顶的白色的和谐过渡中产生变化。

客厅与餐厅空间的界面隔而不断。在门套的左右两边各设一层透空层架，以摆设饰物。使空间通透、层次丰富。

吊顶与墙面选择白色装饰，能使空间显得宽敞。窗套与门套用木饰面细心收口，显得简练利落。

客厅中的电视柜色彩与地面色彩相近，在空间上给人一种延伸的感觉，加强了纵深感。内部采用软包贴面，既有变化，又能达到吸音的作用。

两张浅色沙发按"L"形摆放,木本色的茶几坐镇中央,再以方形的现代风格的地毯围拢出会客范围。吊顶藏光设计和简洁的墙面与木地板相协调。

客厅的面积不大,因此,木地板的拼接方式采用对角的拼做法,这样,空间就显得活泼而不呆板。另外,电视柜后壁"文化石"装饰,也显得别有一番情趣。

吊顶的造型不用任何装饰线来收边,显得做工精致。沙发的色彩选择与整体设计风格配套一致。藏光吊顶柔和的散光营造了和谐舒适的氛围。

　　面积较小的客厅设计,除了注意在空间界面设计上的简洁外,在家具的选择上也应尽量采用体积轻巧适用的家具,既不占空间,且便于移动。

　　整体的色调和谐统一,吊顶的流线形与假天花板活跃了空间气氛。古典倾向的窗帘与稳重的真皮沙发相协调,再配以墙布贴面、入墙家具和软包,以及丰富的灯光设置,使总体显得华丽。

为了增添色彩感觉，在门与橱柜上采用两种不同的木饰板来制作，以寻求木贴面的丰富变化效果。

在色彩上采用黑白两色为主色，使这间客厅富有秩序，干净利落，品味高雅。

这间客厅采用木地板、木贴面、地砖、墙布等装饰材料进行制作。斜铺的地板与吊顶天花板的流线设计相呼应。

客厅一角的设计别具一格,动感的弧形使空间柔和不生硬;具有丰富质感的木饰面与象牙白的乳胶墙面作了有效的对比。

入墙式的电视柜,采用给人亲和感的浅色木贴面制作,为了不使空间有局促感,有意使左右两边的玻璃柜不对称。背面木饰面墙上的图案,更丰富了空间的层次。

主 卧 室

　　卧室是消除白天疲劳,培养翌日活力的场所,因此,要求有安宁舒适的睡眠环境。尤其是主卧室,作为主人生活起居场所,还要求具有更高的私密性。主卧室的设计应充分考虑主人的休息和生活方式。主卧室内除配套休息床外,还根据条件和需要配套相关家具和设施,如床头柜、梳妆台、衣橱、休闲椅、视听设备。设计主卧室时应考虑以下几个方面。

　　一、衣橱及收藏柜的设计是主卧室配套功能的重要部分。在设计衣橱时,要对家庭的储藏内容作一番分析。列出常用和备用;大的和小的物品,以及它们的数量、种类和衣物的保养性能等。根据对这些内容的分析归类来决定所需家具的数量、形式和尺寸,做到因地制宜、井然有序。注意,固定的壁柜式衣橱的背面如做石膏板及矿棉的复合隔层,可达到良好的隔音效果。

　　二、主卧室的自然采光和通风是非常重要的。通风有利于健康,而自然采光能给室内带来生机。当一觉醒来的时候,透过窗纱看到自然光影会使人心旷神怡。主卧的灯光照明应考虑主光源、装饰光源和局部照明光源的综合运用。顶棚采用吸顶灯时,应选择有玻璃灯罩的灯具,避免光源直接照射眼睛。床头灯应采用局部照明,避免相互间的影响。床头柜上也可增加调光器或总控开关以便于调节灯光和操作使用。

　　三、在装修材料方面,主卧室宜采用柔软、温馨的装饰材料。墙面通常以乳胶漆或墙纸装饰,地面采用极具亲和感的天然木质材料。

　　四、主卧室的色彩通常以温馨、淡雅为主。以亮色作为空间的主色调,配以地板木质本色的衬托和局部深色台面的点缀。大面积的衣橱在色彩上应考虑色调与周围墙面统一,尽量避免大面积的深色对空间产生的压迫感。

　　主卧室在色调上讲究平静,只用了褐色与浅灰两色。靠色彩的面积大小来形成线、面的变化。

铺设地毯的地面与墙上的墙布、家具配套协调,使卧室的情调安详平和,便于入睡。

以木贴面与仿亚麻墙布为主要装饰材料,加上柔和的灯光设置,使这间卧室设计显得温暖、舒适。

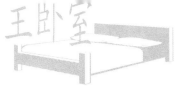

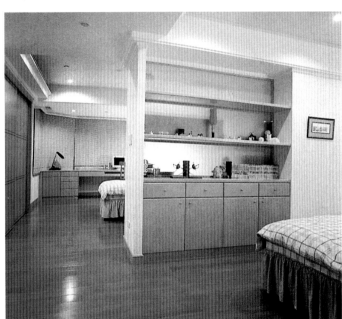

卧室与书房相连,方便主人的休息与工作。

营造简洁高雅的休息空间,是本卧室设计的追求。墙角上原建筑的梁边有意留着,以增加空间层次。吊顶没有特别的照明设置,只在床头顶上安两盏石英灯,以补足床头灯照射不到的范围的亮度。

　　床背面几乎整面墙都采用浅色软包制作,使空间"软化",别具一格。另外,整间屋子的色彩均为浅色,也加强了这一效果。

　　设计尽量简洁、单纯,强调休眠的概念。

　　这间卧室较大,设计得比较别致。在床的周围,地面稍做加高处理,丰富了空间层次,分为起居与休眠的空间。床靠背的木贴面,一直延伸至吊顶,也使空间显得别致。

　　卧室的橱门装饰考究,与门的装饰配套一致,在木贴面中镶嵌幻彩条来装饰,橱顶是采用联系整个房间吊顶的浅色线条来收边的。注意吊顶的线条以浅色为宜。

用一半隔断的梳妆台来分隔起居与卧室空间,使隔而不断。

　　房间的色调朴素,协调统一,均为同一暖灰色系。地面采用地毯。墙面为软包与木贴面结合的做法。

　　竖条的图案无疑加强了室内的纵深感。侧面凹藏式的简易沙发满足了休闲聊天的需要。而旁边的梳妆镜,使空间显得宽敞。

根据住户的需要和爱好，地面的材料为整齐划一的浅色地砖，与家具、床罩的颜色、图案也很协调。

在床的位置附近加高木地板，使空间层次丰富。

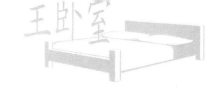

以软包为床的靠背,边上以木贴面收边,配以花色大方的床罩、灯具,使房间显得很舒适。

软包的材料用于卧室是比较合适的。

在现代的卧室中,入墙的柜子是不可或缺的,它既起了隔墙的作用,又满足了储物需要。

主卧室

墙上的挂画,也是调节室内整体装饰的重要部分,可使墙与地面相协调,不致与周围环境脱离。

床、梳妆台一侧排列,整合零碎的空间。主人为了节约空间,不忘在床的下面设储物的抽屉。

这间卧室空间较为宽敞,因此在经济许可的情况下,可采用比较豪华的设计:墙面以木材和墙布为主材,精致考究;地面铺设地毯;吊顶为藏光设计。

浅色的橱与白色床罩、白色吊顶连为一体，十分优雅。床头柜的支撑架、细边镜柜，以及温和的木本色，都烘托了这种效果。

床与床头柜为组合式的设计方案。

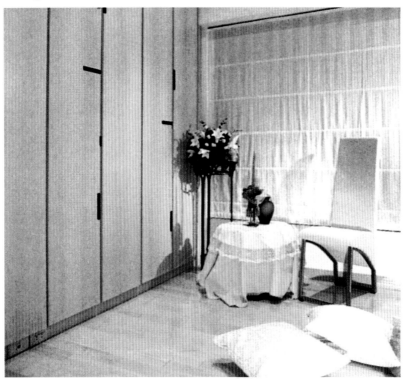

卧室入墙衣柜的扣手设计独具匠心。

素净的色调,典雅的陈设,赋予家居生活以温馨的情调。

卧床是用原木打制的线条来制作,显得自然纯朴。

百叶窗样式的橱门,独特大方,在这里应用得恰到好处。

挂画也是调节室内环境的重要环节。

这间卧室的高橱值得一提,分上下两色,下面的橱门是采用木边框的毛玻璃平开门。与床、地面的木本色相呼应,又有视觉穿越感;而上部分的白色与墙面、吊顶融为一体,视觉上不显压抑。

儿 童 房

　　儿童房集儿童休息、游戏、学习、储藏等功能为一体,并伴随儿童成长的各个生活阶段。因此,在进行设计时不仅要注重功能的完整性、合理性及安全性,而且还要从实际出发,做到装饰的实用和可持续利用相结合。进行儿童房设计时,可以从以下几个方面来考虑。

　　一、在空间极其有限的条件下,做到平面功能布局的合理是至关重要的。首先,儿童房的家具应尽可能靠墙摆放,这样可以节省占地面积,尽可能大地在中央让出儿童游戏和活动空间。其次,根据现场实际情况并结合儿童心理,在家具设计上可考虑采用复式结构的形式,通过家具间的重叠组合,达到多功能并用。设计储藏家具时,要以发展的眼光来看待不同时期儿童成长所需要的储物内容,做到可重复利用和保证足够的储物空间。

　　二、在家具和空间装饰上做到活泼、美观、简洁。立面设计不妨可以结合儿童的心理需要,以富有童趣和创意的造型来培养儿童的想象力和创造力。但是儿童房毕竟不是游乐园,在装饰上不能走得太远而影响装饰的可持续性,立面装饰应做到"点到为止"。设计形式要美观、大方,以活动家具、摆设品、卡通挂画等来增添童趣,便于不同时期的更换和组合。

　　三、从儿童健康和与大自然接近的意义出发,儿童房的书桌和游戏区域应靠近窗户。儿童房的顶部采用柔光型的灯具为主照明,书桌和床头部分应有台灯或壁灯作为局部照明。

　　四、色彩可以调节儿童的视力并影响儿童的个性成长。儿童房的色调以明亮、清爽为主,一般男孩子喜爱的色彩是青色系列(青、绿、紫),女孩子喜欢的色彩是紫、红、橙、蓝。无色、黄色系列的色彩则不拘性别,都能接受。

　　这间孩子房的空间布局紧凑,靠窗为书案,右边是床,靠墙为书柜及放书的位置,营造了浓郁的学习氛围。

这间女孩房的布局比较单纯，只是在独具个性的床单、窗帘的花色配置上寻求变化。

房间的色彩应用得天真活泼，完全依了孩子率真的天性。利用床梯兼做抽屉，体现了房主充分利用空间的思路。

这是大孩子的房间。空间虽然不大，但休眠空间与学习空间安排得井井有条。白色的墙壁，结合木制的家具，使空间显得柔和。

这套住宅的孩子房空间较大，因此把休眠空间与学习空间稍作区分，中间用简单的拉门隔开。在色彩的应用上别具一格，以明快的黄蓝两色为主色调，使空间显得自然清新。

儿童房

这间儿童房除了提供小床的位置，其余的地方全部用作游戏空间，用色大胆，但丝毫不显零乱。墙上贴的墙布与窗帘相协调，回避了粉墙的冰冷。

整体一致的颜色是这间孩子房的特色。无论是书桌还是床罩、窗帘，以及天花角线的墙布图案，都以浅蓝浅紫作为主调来统一。这样无疑给孩子提供了安心学习的良好环境。

看来这间房的面积不大，因此主人把床的高度□书桌的设计简洁实用。在其上方设层架，以摆放零碎□品。

　　为了节省室内面积,书桌与床头柜设计成组合式。在靠单人床的墙上设计层架,用于置放装饰品或书籍。

　　在靠墙的一边,整合了书桌、矮橱、衣橱等家具,使空间显得紧凑。

　　为了充分地利用空间,把空间分为上下两部分,上部分为孩子床,下部分为活动空间,最大限度地利用了每个边边角角。

床与书架、书桌设计成组合式的，充分利用了空间。

小巧的装饰架，既不占空间，又满足了实用需求。

因为空间狭小,所以把床、桌摆成了"L"形。

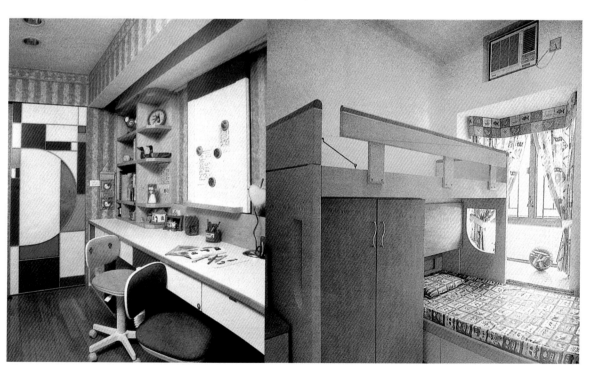

家具与门用各色大小不一的防火板饰面,显得充满活力。

床铺设计为上下两层。孩子床在上面,下面的空间可预备作为客床。

以浅紫罗兰等颜色构成了孩子房的主体色彩,赋予童话的韵味。

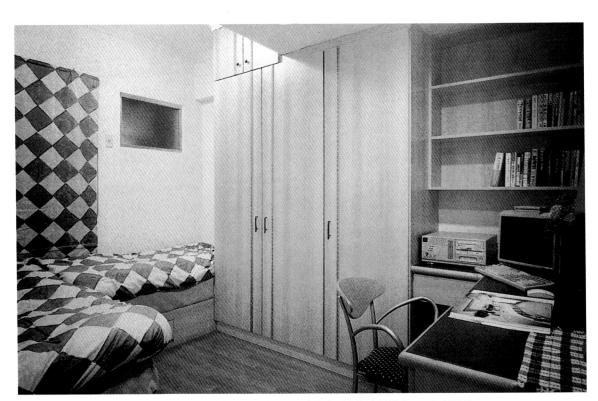

紧靠书桌的是书橱,旁边是衣橱,"L"形的床,既满足了休息,又能当沙发。

房间规划整齐、实用

墙面以横线分隔的形式来装饰,配以挂画,别具一格

书　房

　　书房是现代家居不可或缺的组成部分,提供了人们学习与读书的环境,是较独立和安静的空间。设计中根据书房独特的要求和功能特点,应注意如下方面。

　　一、书房家具的排列组合应根据房间的不同面积和结构作具体的考虑。小面积的书房,其书柜可作入墙式处理,书柜和书桌也可设计成组合式,使空间紧凑。大面积的书房,其书桌可单独摆设,书桌尺度也随之增大。书桌的摆设位置尽可能避免背对门和正对窗户光线,便于安心学习。

　　二、书房墙面装饰应围绕书橱来进行设计,其他墙面装饰应尽可能简洁。在进行书橱设计时,首先应对家庭藏书的尺寸、类别进行分类,以决定书橱隔层间距的高低、大小以及封闭、半封闭、敞开等形式。书橱的设计应强调使用功能,兼顾造型的美观。根据不同书籍的储存,敞开式和封闭、半封闭式书架有机地统一在一个界面上。综合以上因素,以点、线、面的构成手法形成书橱立面的虚实变化。

　　三、书房应该用简洁的色彩对比来形成它的主色调,从而营造出书房安详宁静的学习环境。

　　四、在书房设计时也应根据住户的工作需要预留放置设备的位置,也可适当地摆设一些艺术品来调节室内气氛。

　　这间书房的柜子为入墙式的。为了不使封闭的柜子给人造成压抑感,在中间开了个"窗",用于摆设。

墙面上制作书柜和装饰柜,因不同功能的需要,柜子的式样也作相应的变化。

书柜为组合式的,书桌的一部分"藏"入书柜之中。

书房与其他房间之间用玻璃隔断来分隔界面,显得隔而不断,从而产生丰富的虚实空间。

这个设计强调了安详的气氛。灯光布置上也颇为考究,墙上挂着书法条幅,书香气十足。

书房与客厅之间为透光拉门，地面上有一弧形的高低变化；在书柜的下方，巧用抽屉做一椅子，使人可以惬意地坐着看书。

功能明确、布局合理，使读书空间独立而安静。

别致的书柜设计。

书案呈"L"形排列，预备了充足的空间用来工作。

满墙的书柜前搁置着沙发，书柜上设一可左右移动的金属梯子，以方便取书。

主人不忘在书房的一角安置一张休息的小床，以便更换姿势看书。另外，黑色在这里起了点缀提神的作用。

宁静的书房一角。书案后的柜子是倚窗而制作的装饰书架。既满足了藏书功能，又不遮挡窗户，十分巧妙。

书房中的休息区一角。

简洁的书桌造型是书橱的延伸。

书橱与书桌的结构为组合式的，使空间显得紧凑，功能合理。

书橱造型以大小不同的方格组成，富有现代感。

木本色与象牙白色组成的色系令人愉快。家具贴面做工细致,收边讲究。

简洁的书桌造型，配以两种不同颜色的面漆,不显单调。书桌一侧的窗的右边设一书柜,方便取书。

利用建筑结构的梁柱之间的空间，作简易层架并根据人的高度来安排长短,和谐的色彩使人产生注入书香的愉悦感受。

　　书房的设计以书案和书柜为主,书柜的层架有的固定,有的可以活动;有的是敞开式的,也有半封闭玻璃拉门式的。

　　这是一间孩子的书房,设计师因地制宜,在墙角的柱子两边分别设计书架和矮柜,垫高地面,兼做坐椅,满足需要。

餐　厅

　　餐厅是进餐的空间。不同的家居平面布局产生不同形式的餐厅空间和餐厅家具。除设计独立的餐厅外，还有与厨房空间、起居室空间互为交叉的餐厅区域的设计。设计上注意从厨房配餐、备餐到就餐之间的动线的合理，创造出实用、优雅、舒心的就餐环境。

　　一、DK（厨房兼餐厅）室。与厨房连在一起的优点是能缩短配餐与食后收拾的过程。缺点是在就餐时，会有"在厨房内用餐"的感觉。在这里餐具和炊具的收藏要很好地设计。餐桌可以平台的形式与橱柜相连，能显示出炊事和用餐成为一体的感觉，又能体现出家庭欢乐、融洽的团聚气氛。

　　二、LD（客厅兼餐厅）室。与起居室连在一起的优点是能共同拥有视觉开阔的空间，以及和家人团聚时的欢乐气氛。在空间交接上可以低矮家具和通透式隔断加以划分或完全敞开。

　　三、装饰上讲究简约美。让餐桌、坐椅、酒柜等家具和顶部的灯具以及墙面上的艺术品成为空间装饰的主体，如果是DK、LD式餐厅应考虑与之相连的空间在装饰上的完整统一。

　　四、要使菜肴看着鲜艳可人，理想的光源照明是在桌面上方采用半间接型照明灯具，使灯光柔和自然。如能有自然采光或是靠窗摆放餐桌得以借景，那将是餐厅设计的最佳方案。

　　餐厅与厨房之间以折叠门作为隔断，使两个功能空间在需要时可以连成一个整体空间，增强视觉上的开阔感。

周围的家具、地板和木质构造餐桌互相呼应，令饭厅充满和谐一致的美感。

酒柜作为餐厅部分的主立面造型，线条简洁明快，构成手法灵活而富有变化。

餐厅的酒柜造型轻巧，与墙面装饰和谐统一。餐椅的白色坐垫与周围白色调相谐调。

酒柜及墙面、吊顶的装饰都非常简洁,与富有现代感的家具配套,营造了高雅别致的整体气氛。

餐厅

红榉木板的斜纹拼花以及欧式线角和装饰符号的运用,营造出一个优雅别致的新古典主义气氛。主立面墙作嵌入式鱼缸,让居室平添几分生机。

木地板的斜向铺设,打破了方形封闭式空间造成的局促感。

吊顶的错落变化,将客厅和餐厅两个不同的功能空间加以划分,其优美的流线造型与中间的圆形吊顶相呼应,并作为两个开敞空间的自然过渡。

　　顶部没有任何的多余线边,在设计上强调灯具的造型配套,整个居室更添高雅脱俗的意象。

　　空间的立面装饰是一个简洁的背景,在设计上强调家具、灯具和植物的整体配套效果。

墙上的镜面装饰如同开了一个小窗，使视觉空间得到扩展，并避免了靠墙摆设家具造成的局促感。

餐
厅

注重空间的虚实变化和灯光照明是设计的重点。墙面上高低错落的装饰画摆设得富有变化。酒柜造型虚实有致,富有意味。

通过大面积镜面的镜像作用,使原有狭小的餐厅空间得以扩展。餐椅的多种色彩搭配活跃了就餐气氛,其中蓝色对整体大面积的暖色调起了很好的视觉调节作用。酒柜的功能与玄关的功能完美地结合在一起,玄关侧面经过镶嵌镜面显得轻巧而富有立体感。

　　错落叠加的木制装饰柜作为餐厅与客厅的隔屏，精心布置的艺术品和墙上的艺术挂毯独具创意。

　　餐桌的设计灵巧而实用，其材质与周边的墙面和橱柜相同,色调统一而温馨。

深色的木质家具与白色的墙面和餐椅形成对比,显得宁静而不单调,使餐厅充满优雅的情调。

餐厅与厨房合二为一,有效地利用了使用空间;再通过吊顶的不同造型变化,将两者
不同的功能区域加以划分。

餐厅

厨　房

　　厨房是调理饭菜的操作空间。集炊事、配餐、洗涤和储藏功能于一体。通常是根据厨房单元和厨房系统的操作功能来布置并决定其设计的。

　　厨房设计讲究功能第一,追求操作空间的流程合理和操作简便。在橱柜设计时应考虑各种不同的使用功能及先后次序、大小等,充分考虑炊具用品、洗涤用品和食品的存放以及生活垃圾临时存放点的合理位置。橱柜的存放空间要设计得充足,对各种生活用品的存放方式,如抽屉、板架、吊柜、篮筐等,作完美而合理的组合。

　　厨房的装饰材料应使用不燃或阻燃性装饰材料。墙壁以陶瓷面砖最为适宜,地面以防滑性陶瓷面砖为宜。但可以考虑不同大小、色彩、肌理的面砖穿插使用,达到活泼、清新、典雅的艺术效果。

　　厨房的色彩规划也是设计的要点。可以采用同色系调和色进行协调对比的手法来达到厨房清、爽、洁的效果。不同色彩的明度、纯度对比和点缀,将产生让您感到愉悦的视觉快感。

　　清、爽、洁是厨房的必需条件,色彩上的黑白对比使空间更显洁净,局部的操作台让空间不乏温馨。

橱柜的高低、虚实变化不仅美观,而且方便不同物品的储藏。

色彩和材质的大胆对比和应用,能获得令人意外的惊喜。

橱柜转角部分作透明橱门处理，使两个面得到完美的过渡。色彩的冷暖对比使气氛清新怡人。

强烈的黑白对比使狭小的厨房空间显得光亮洁净。

橱柜、吊顶及地面皆为白色,显得清新典雅。统一的浅色调让人产生空间开阔的感觉。

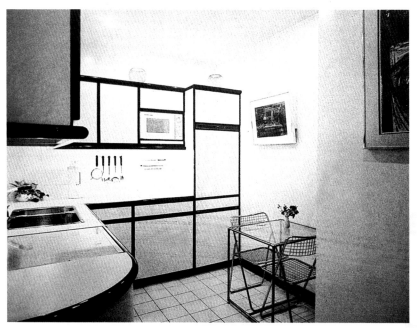

深色的线边使橱柜如同一幅用线、面为元素构成的图案,使橱柜造型显得轻巧,不会因大面积的橱面对空间造成压迫感。

厨房

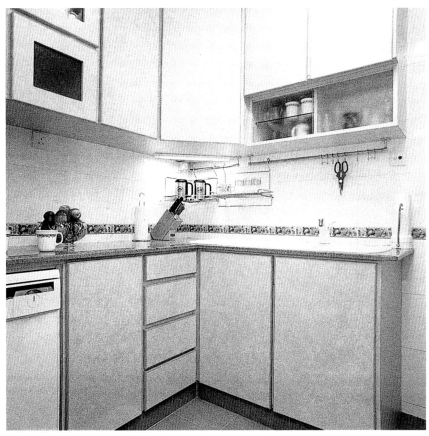

洁净的白色橱面配以纤细的彩色瓷砖腰线,清新怡人。

在美观的橱柜外型基础上讲究多功能的组合配置，是设计上的一个好例子。

橱柜造型简洁明快，对称工整。

马赛克材料在墙面装饰上得到很好的运用，拼贴出独特的艺术效果。

　　色彩的黑、白、灰搭配显得井井有条,橱柜与餐桌之间以矮隔断的形式加以分隔,过渡自然。

　　橱柜的橙色防火板饰面,让空间别有一番亮丽和轻松。

橱柜的色彩和橱面虚实的跳跃变化以及墙面局部彩色花砖的拼砌，营造出灵活变幻的效果。

吊柜部分作分段设计,保持原有窗户的高度,有利于厨房的采光照明。

卫生间、玄关及其他

玄关是从室外进入室内的过渡空间,是来访者形成"第一印象"的地方。玄关的设计应结合不同的平面因素,表达出最为简洁、最具个性和表现力的艺术效果。其装饰构成、表面纹理、采光以及艺术品摆设等均要得到全方位的关注,进行深入设计。

玄关所处的位置因门厅的大小、纵深、结构等各不相同。然而设计的宗旨是应在有限的空间中创造出"无限"的效果。因此在设计玄关时应力求简洁、通透。以点、线、面的形式来进行构思,并结合艺术品摆设构成入口部分的视觉中心,同时也应考虑门厅所具备的其他一些功能,如鞋类、雨具、清洁工具等常用物品的收藏。为了不使门厅显得阴暗,设计上应尽可能采取自然采光,在这一点上,利用侧面采光窗或隔断是有效的办法。照明灯具以在门上方的吊顶上设置为宜,艺术品摆放位置以聚光灯作重点照明。

由于门厅部分是人们经常出入的地方,穿换鞋子时不免会带进沙子或泥水,所以要用耐磨损、耐水浸、清扫性好的地面材料,如天然石材、人造地砖等。当这些材质与客厅的材质不同时,要考虑两种不同材质间的互相穿插、收边,以达到自然、完美的过渡。

卫生间的装饰和现代化程度是品评和衡量居住环境质量的重要依据。各种配套洁具及日用品收藏柜摆放位置的合理性至关重要。通常情况下,"单元型"住宅的卫生间面积是非常有限的,并且多功能结合,因此布局时首先要考虑对干、湿区加以划分,这样不仅功能区域明确,而且易于清洁整理。其次,要充分了解不同洁具的安装尺寸,以及使用时的人体操作尺度,便于空间设计时伸缩自如,功能合理,使用方便。

卫生间照明通常以镜前灯槽或射灯为主,配一两盏筒灯为辅助或备用照明。灯具的式样和位置根据不同的装饰风格而定,总体上要求以明亮、柔和为原则。

卫生间的装饰材料应选择防水、易清洁的,如瓷砖、人造石、天然大理石等。在墙面装饰时可考虑不同大小、不同色调、不同粗细肌理的材料穿插运用,运用材质的本身来加以对比,创造出高品味、多层次的艺术效果。

卫生洁具和地面、墙面装饰材料的色彩搭配也是设计的要点。在进行色彩搭配时首先应根据卫生间的大小、采光程度来决定整体的主色调。较小较暗的卫生间通常采用亮色调,并作同一色系调和搭配;反之则可考虑暗色调,作对比调和搭配。

卫生间以米黄为主色调,局部点缀
木质材料和咖啡色,显得淡雅别致。

大片瓷砖和小方块彩砖相映成趣,极富创意。

洗面台侧面设置实用的玻璃隔层,用以存放洗涤用品,保持台面的整洁。

　　墙面下半部幻彩紫花岗石饰面与上部米色瓷砖形成鲜明的对比，
显得沉着稳重。

　　洗面台和梳妆镜沿墙面作整体处理，镜面上、下部的灯槽设计有助于营造柔和的气氛，
既增加照明又起到很好的装饰作用。

小碎花状的瓷器砖配置,显得格外清新淡雅。

墙面黑色方砖的点状错落分布,增添活泼的气氛,使大面积单色不显得呆板。

巧妙的灯槽处理,使得原本平淡的小空间在设计上别具一格。

大面积落地镜配以
简洁轻巧的洗面盆,显
示出独特的设计品味。

墙面局部开窗给卫生间增加了自然采光,蓝色的地砖对周围大面积的暖色调起到调节作用,让人耳目一新。

　　玄关设计在入口部分侧面以曲面造型作为空间的引导和过渡，以深蓝色强调玄关背景，并对前面的家具和艺术品摆放起到很好的衬托作用。

　　狭长的入口走道大面积镜面的镜像作用，产生拓宽空间的感觉。装饰柜造型简洁、功能性强，桌面上的艺术品摆设构成入口部分的视觉中心。

大面积的通透玻璃和空心玻璃砖,使狭长的走道不会感觉过于
封闭。吊顶部分呈梯状连续造型能降低成本,且富有节奏感。

木质柜架间的互相连接构成入口玄关和隔断。空心玻璃砖的穿插运用让
入口部分可以采光。落地摆放的艺术插花成为入口玄关部分的视觉焦点,显
得轻松自然,极富亲和感。

椭圆形窗花配以弧形陈列台，造型
简洁而有变化，适合小空间的门厅使用。

其它

简洁的陈列架造型，运用透光灯柱的穿插构成，
显得饶有生机。

当设计大面积橱柜时，应注重立面的虚实变
化。小局部的壁龛设计起到画龙点睛的作用。

以储物柜、陈列架和灯具为要素,按点、线、面的形式构成,与客厅之间隔而不断,具有很强的现代感。

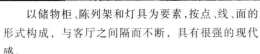

运用墙面材质的肌理对比,既产生变化又不占空间。

分段作壁橱避免大面积橱柜对空间造成的压迫感。

格子状的拼木造型,饶有童趣。

壁龛的装饰令简洁的立柜不显平凡。

文化石的自然肌理和绿化植物相
得益彰，感觉清新。

立面上的简洁变化，给人以轻灵且富于
创意的感觉。

推拉门将客厅和茶室分隔，可以在需要时将两个空间连为整体。

大面积的镜面设计在更衣间不仅拓宽了视觉空间，而且实用。衣橱的设计考虑到不同的季节和各类衣服的存放。

立面上部的曲线造型，给人平滑舒心的感觉；而小小的镜框点缀更是点睛之笔。

图书在版编目(CIP)数据

经济适用房装修实例/卢志强,郭又新编著.—福州:
福建科学技术出版社,2000.3(2001.4 重印)
ISBN 7-5335-1625-7

Ⅰ.经… Ⅱ.①卢…②郭… Ⅲ.住宅-室内装修
Ⅳ.TU767

中国版本图书馆 CIP 数据核字(2000)第 12421 号

书　　名	**经济适用房装修实例**
编　　著	卢志强　郭又新
责任编辑	陈依媄
出版发行	福建科学技术出版社(福州市东水路 76 号,邮编 350001)
经　　销	各地新华书店
印　　刷	福建彩色印刷有限公司
开　　本	787 毫米×1092 毫米　1/16
印　　张	8
字　　数	200 千字
版　　次	2000 年 3 月第 1 版
印　　次	2001 年 4 月第 2 次印刷
印　　数	5 001—9 000
书　　号	ISBN 7-5335-1625-7/TS·152
定　　价	35.00 元

书中如有印装质量问题,可直接向本社调换